CATALOGUE

DES

LIVRES D'ARCHITECTURE

ET SUR LES ARTS

COMPOSANT LA BIBLIOTHÈQUE

DE FEU M. L. VA......

---

1. Notice sur quelques artistes français par H. Destailleur, architecte du gouvernement. *Paris, Rapilly, 1863;* 1 vol. in-8, demi-rel.

2. Histoire de la vie et des ouvrages de Michel-Ange Buonarotti, orné d'un portrait par Quatremère de Quincy. *Paris, 1835;* 1 vol. in-8, demi-rel. mar. rouge.

3. Histoire de la vie et des ouvrages de Raphaël, par Quatremère de Quincy, avec le portrait de Raphaël. *Paris, 1824;* 1 vol. in-8, demi-rel. mar. vert.

4. Histoire de la vie et des ouvrages des plus célèbres architectes du xɪᵉ siècle jusqu'à la fin du xvɪɪɪᵉ siècle par Quatremère de Quincy. *Paris, 1830;* 2 tomes en 1 vol. in-8, veau.

5. Dictionnaire d'architecture par Quatremère de Quincy. 3 vol. in-4, veau, marbré.

6. Restitution de la Minerve en or et ivoire de Phidias, au Parthénon, par Quatremère de Quincy. *Paris, de l'imprimerie de Rignoux, 1825;* 2 tomes en 1 vol. in-fol. demi-rel. mar. rouge, fig.

7. Vite de piu eccelenti pittori scultori E architetti scritte da Giorgio Vasari. *Roma* 1759-1760 ; 3 vol. in-4, cartonné, portraits.

8. Discours, Rapports de l'Institut de France de 1798 à 1844. 28 vol. in-4, cartonnés.

9. Organisation et réglement de l'Institut des sciences, lettres et arts de 1802 à 1845 ; 8 vol. petit in-12, demi-rel. mar. rouge.

10. Salons de l'exposition 1795, 1796, 1798, 1799, 1800, 1801-2-4-6, 1808-1810-12-14, 1817, 1819-22, 1824, 1827-31-33, 1834, 1835-36-38, 1840-41-42, 1843. 7 vol. in-12, demi-rel. mar. rouge.

11. Grands prix d'architecture de 1779 à 1831, par Prieur, Vaudoyer, Detournelle, Baltard. Edition sur papier de Hollande, planches lavées. 4 vol. in-fol. demi-rel. mar. rouge.

12. Plan de Rome par Nolli, en 12 planches. — Plans de Naples. *Paris*, etc. 1 vol. in-fol. demi-rel. veau.

13. **Piranesi.** Antiquités de Rome. 1761, 1 vol. in-fol. demi-rel. veau, contenant 65 planches.

14. Panthéon d'Aggripa à Rome par Piranesi père et fils. 1 vol. in-fol. demi-rel. veau, contenant 29 planches, plus deux dessins de candélabres, l'un de Raphaël, l'autre de Michel-Ange.

15. Arcs antiques élevés à l'empereur Trajan, par Nolli, 1770-1780 ; 1 vol. in-fol. demi-rel. veau.

16. Plans, coupes et élévations de l'ancien et du nouveau palais de l'Académie de France, pour l'étude des beaux-arts, à Rome, par les artistes pensionnaires du roi, qui ont remporté à l'Académie des beaux-arts de l'Institut de France, à Paris, les premiers grands prix, d'après les dessins de MM. Norry, père et fils. *Rome*, 1817 ; 1 vol. in-fol. demi-rel. contenant douze grands dessins.

CATALOGUE

DES

LIVRES D'ARCHITECTURE

ET SUR LES ARTS

ŒUVRE D'ANDROUET-DUCERCEAU

Tableaux, Dessins, Curiosités et Objets d'art

COMPOSANT LE CABINET

De Feu M. L. VA......, Architecte

DONT LA VENTE AURA LIEU

HOTEL DROUOT

SALLE N° 2

Les Jeudi 4 et Vendredi 5 Avril 1872

A UNE HEURE PRÉCISE

Par le ministère de Me **BAUBIGNY**, Commissaire-Priseur,
rue de Grammont, 20,
Assisté de **M. CLEMENT**, Md. d'Estampes de la Bibliothèque nationale
rue des Saints-Pères, 3.

EXPOSITION PUBLIQUE

Le Mercredi 3 Avril 1872, de 1 heure à 5 heures.

PARIS — 1872

CONDITIONS DE LA VENTE

Elle sera faite au comptant.

Les Acquéreurs paieront CINQ POUR CENT en sus des enchères.

ORDRE DES VACATIONS

Le Jeudi 4 Avril : Les Livres.

Le Vendredi 5 Avril : Les Tableaux, Dessins, Objets d'art, et le Mobilier.

Les Livres vendus devront être collationnés sur place dans les vingt-quatre heures de l'adjudication. Passé ce délai, ou une fois sortis de la salle de vente, ils ne seront repris pour aucune cause.

17. Dessins de toutes les parties de l'église de Saint-Pierre de Rome, levés sur les lieux en 1659 par feu M. de Tarade, avec le parallèle de cette Église, de celle de Notre-Dame de Paris et de la cathédrale de Strasbourg. 1 vol. in-fol. demi-rel.

18. Détails des plus intéressantes parties d'architecture de la basilique de Saint-Pierre de Rome, par G. M. Dumont. *Paris*, 1763; 1 vol. in-fol. demi-rel. veau fig.

19. Basiliques de Rome, 1 vol. in-fol. de planches, demi-rel., et 1 vol. petit in-fol. de texte, publiés à Munich.

20. **Dufourny**. De Sacriis Ædificiis a Constantino magno constructis synopsis historica Joannis ciampini romani magistri brevium gratiæ. *Rome*, 1693; 1 vol. in-fol. veau, fig.

21. Castelli E Ponti di Maestro Niccola Zabaglia con alcune ingegnose pratiche e con la descrizione del transporta dell' obelisco Vaticano e di Altri del cavaliere, domenico fontana. *Roma*, 1743; 1 vol. in-fol. veau, contenant 54 figures.

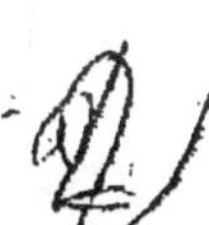

22. Recueil des plus beaux palais et autres édifices de Rome moderne, en deux livres réunis, par Ferrerio et Falda. *Rome*, 1650; 1 vol. in-fol. demi-rel. mar. rouge, contenant 111 planches.

23. Li Giardini di Roma, con le Lora plante Alzate E. vedute in prospettiva, disegnate ed intagliate da Gio Battista falda. *Roma*, 1683; 1 vol. in-fol., demi-rel. veau, contenant 2 planches.

24. Il nuovo Teatro delle fabriche, et edificii in prospettiva di Roma moderna, Anno, 1665; 1 vol. in-fol., demi-rel. mar. rouge.

25. **Polini**. Memoire istoriche dello gran cupola del Tempio Vaticano, ouvrage dédié au pape Benoit XIV, in Padoua, 1748; 1 vol. in-fol., veau marbré; tranches dorées.

26. Recueil de quelques planches gravées sur les édifices de Rome antique et moderne et de ses environs. *Rome*, 1788; 1 vol in-fol., contenant 63 planches, par Pannini et autres.

27. Architecture, e Prospettive dedicate alla maesta di Carlo sesto imperador di Romani da Giuseppe Galli. Bibiena, 1740; 1 vol. in-fol. demi-rel. mar. rouge fig.

28. Le Antiche Lucerne sepolcrali figurate di Gio Pietro Bellori. In *Roma*, 1691; 1 vol. in-fol. veau. fig. 3 parties.

29. Raccolta delle piu belle vedute antiche, e moderne di Roma disegnate ed incise secondo lo stato presente dal cavalier Giuseppe Vasi. *Roma*, 1786; 2 vol. in-fol. demi-rel., veau fig.

30. Della transportatione dell'Obelisco vaticano et delle fabriche di nostro signore Pape Sisto V fatte dal cavallier Domenico Fontana. *Roma*, 1590; 1 vol. in-fol. demi-rel. mar. rouge fig.

31. Basilicæ S. Mariæ Maioris de Urbe A. Liberio Papa I usque Ad. Paulum V Pont Max descriptio et delineatio Auctore Abbate Paulo de angelis. Lib. XII. *Romæ* 1521; 1 vol. in-fol. demi-rel. mar. rouge.

32. Les Édifices antiques de Rome dessinés et mesurés très-exactement par feu M. Desgodetz, architecte du roi. *Paris*, 1779; 1 vol. in-fol., demi-rel., veau.

33. Les plus belles Eglises de Rome moderne, avec les noms des architectes qui les ont construites, chez Collignon, à Rome, 1650; 1 vol. in-fol. demi-rel. mar. rouge, contenant 100 planches.

34. Piante Elevazioni Profili e Spaccati degli Edifici della villa suburbana di Giulio III. Pontefice Massima, fuari la Porta flaminia, mesurati e delineati da Giovanni Stern, in *Roma* 1784; 1 vol. grand in-fol. max demi-rel. mar. rouge.

35. Palais Massimi à Rome, dessiné et publié par F.-A. Suys et L.-P. Haudebourt. *Paris*, 1818 ; 1 vol. in-fol. demi-rel. mar. rouge.

36. Plans, coupes, élévations, profils, voûtes, plafonds, etc. des deux palais Massimi, dessinés et publiés par F.-A. Suys et L.-P. Haudebourt. *Paris*, 1818 ; 1 vol. in-fol. cartonné.

37. Descrizione e Studi dell' insigne fabrica di S. Maria del fiore Metropolitana fiorentina in variæ carti intagliati da Bernado Sansone Sgrilli in firenze 1733 ; 1 vol. in-fol. mar. vert fig.

38. L'Augusta ducale Basilica dell' evangelisto San Marco nell'inclita dominante di Venezia. *Venise*, 1771 ; 1 vol. in-fol., demi-rel. mar. rouge fig.

39. L'Anfiteatro flavio descrito e delineato dal cavaliere Carlo Fontana; 1725 ; 1 vol. in-fol.; veau fig.

40. Del Palazzo de Cesari, opera postuma di monsignor Francesco Bianchini Véronèse. In *Verona* 1738 ; 1 vol. in-fol., demi-rel. mar. rouge.

41. Antiquités de Naples. *Rome*, 1784 ; 2 vol. in-fol. demi-rel. veau fig.

42. Antiquités de quelques villes de la Sicile, autrefois colonies grecques, par D. A. Pigotini. *Palerme*, 1800 ; 49 planches. — plans et vues de la Sicile moderne, dessinés et gravés au bistre, par J. Houel en 1770. 146 planches. En tout 195 pièces en 1 vol. in-fol., demi-rel. mar. rouge.

43. Représentations et autres beautés singulières de Venise à Leide chez C. Haak, 1762 ; 1 vol. in-fol. demi-rel. veau.

44. Descrizione del Circhi partiolarmente di quello di Caracalla e dei Giuochi in essi celebrati opera postuma del consigliere Gio Lodovico Bianconi. *Roma*, 1789 ; 1 vol. in-fol., demi-rel. mar. vert, fig.

45. Theatrum Basilicæ Pisanæ per Josephi Martini, seconde édition. *Romæ*, 1728 : 1 vol. in-fol. veau fig.

46. Dichiarazione dei disegni del reale Pallazzo di Caserta.... in Napoli, 1756; 1 vol. grand in-fol. fig. par Vanvitelli.

47. **Saint-Non**. Voyage pittoresque ou Description des royaumes de Naples et de Sicile. *Paris*, 1781-1786. 5 vol. in-fol. demi-rel. veau.

48. Les Antiquités d'Athènes, mesurées et dessinées par J. Stuart et N. Rivelt, peintres et architectes, ouvrage traduit de l'anglais, par L.-F. Feuillet. *Paris*, 1808-1822 ; 4 tomes en 2 vol. in-fol. demi-rel. veau fig.

49. Voyage pittoresque de la Syrie, de la Phœnicie, de la Palestine et de la Basse-Egypte, par C. Cassas. *Paris, de l'Imprimerie de la République*, an VII. 1 vol. in-fol. demi-rel. mar. vert contenant 180 planches ; c'est tout ce qui a paru de cet ouvrage.

50. Plans, coupes et élévations du palais du roi de Suéde, bâti à Stockolm, sous Charles VII, par N. de Tessin en 1692. *Stockolm*, 1800 ; 1 vol. in-fol. demi-rel. veau.

51. Architecture, peinture et sculpture de l'Hôtel de Ville d'Amsterdam, bâti par Jacques A. Campen. *Amsterdam, J. Covens et Mortier*, 1700 ; 1 vol. in-fol. demi-rel. veau fig. et portraits.

52. Les Ruines des plus beaux monuments de la Grèce : ouvrage divisé en deux parties, par M. Le Roy. *Paris et Amsterdam*, 1758 ; 1 vol. in-fol. veau fig.

53. Salzenberg. Alt-christliche Baudenkmale von Constantinopel, vom V bis XII Jahrhundert par. W. Salzenberg. *Berlin*, 1854 ; 1 vol. grand in-fol. max. cartonné, renfermant quantité de planches en chromo-lithographie.

54. Pugin and Le Keux's. Specimens of the Architectural Antiquities of Normandy. *Londres*, 1827 ; 1 vol. in-4, demi-rel. contenant 80 planches.

55. Rural architecture, first series of designs for rustic, Peasants, and ornamental cottages, lodges and villas, etc. By Francis Goodwin. *London*, 1835; 2 vol. petit in-fol. cartonnés fig.

56. The plans, elevations, and sections; chimney-pieces, and Cielings of Houghton in Norfolk; The Seat of the Ht. Honourable Sr Robert Walpole, 1735; 1 vol. in-fol. demi-rel. mar. rouge, fig. gravées par Fourdrinier.

57. Ruins of the palace of the emperor Diocletian at spalatro in Dalmatia by R. Adam. f. r. s. f. s. A. Architect to the king and to the queen. Printed for the Author, 1763; 1 vol. in-fol. demi-rel. mar. rouge fig.

58. Ninive et l'Assyrie, par Victor Place. Ouvrage publié par ordre du gouvernement, sous les auspices de son Exc. M. le maréchal Vaillant. *Paris, de l'Imprimerie impériale* 1860; in-fol. en livraisons.

59. Description historique de la basilique de Luperca, située sur la colline près Turin, ornée de vignettes et de neuf planches en taille-douce, etc. *Turin*, 1808; 1 vol. in-fol. demi-rel. mar. rouge fig.

60. Les Monuments de Pise au moyen-âge, par M. Georges Rohaut de Fleury, architecte. *Paris*, 1866; 1 vol. in-fol. de planches. 1 vol. in-8 de texte, d.-rel. mar. brun.

61. L'Architecture polychrome chez les Grecs, par J.-J. Hittorff, architecte. Paris, chez l'auteur 1846; 1 vol. in-fol., en livraisons, 24 planches.

62. Architecture moderne de la Sicile ou Recueil des plus beaux monuments religieux et des édifices publics et particuliers les plus remarquables des principales villes de la Sicile, par J. Hittorff et L. Zanti. *Paris*, 1835; 1 vol. in-fol. demi-rel. mar. rouge.

63. Les Antiquités inédites de l'Attique, contenant les restes d'architecture d'Éleusis, de Rhamnus, de Sunium et de Thoricus, ouvrage traduit de l'anglais par J.-J. Hittorf. *Paris*, 1832; 1 vol. in-fol., cartonné.

64. Monuments modernes de la Perse, mesurés, dessinés et décrits par Pascal Coste. *Paris, A. Morel*, 1864; in-fol. en livraisons.

65. Statistique monumentale de Paris. Atlas, cartes, plans et dessins, par Albert Lenoir, publié par les ordres du roi et par les soins de M. le ministre de l'instruction publique. 33 livraisons.

66. Peintures de l'église de Saint-Savin, département de la Vienne, texte par M. P. Mérimée, dessins par M. Gérard-Séguin, publié par ordre du roi. *Paris, Imp. royale,* 1845; 1 vol. in-fol. fig., en livraisons.

67. Monographie de Notre-Dame de Brou, par Louis Dupasquier, architecte à Lyon. Texte historique et descriptif par Didron aîné. 1 vol. gr. in-fol., fig., en livraisons.

68. Eglise cathédrale de Saint-Isaac. Description architecturale, pittoresque et historique de ce monument. Ouvrage dédié à Sa Majesté l'Empereur de toutes les Russies, par A. Ricard de Montferrand. *St-Pétersbourg,* 1 vol. in-fol., fig., en livraisons.

69. Plans et détails du monument consacré à la mémoire de l'empereur Alexandre. Ouvrage dédié à Sa Majesté l'Empereur Nicolas Ier, par A. Ricard de Montferrand. *Paris, Thierry, frères,* 1836; 1 vol. in-fol. demi-rel. dos et coins, fig.

70. Archives de la commission des monuments historiques, publiés par ordre de S. Ex. M. A. Fould, ministre d'État. 129 livraisons, grand in-fol.

71. Villa Médicis à Rome, dessinée, mesurée, publiée et accompagnée d'un texte historique et explicatif, par Victor Baltard, architecte, 1 vol. in-fol., fig., en livraisons.

72. Recueil et parallèle des édifices de tout genre anciens et modernes, remarquables par leur beauté, etc., par J.-N.-L. Durand, texte par J.-G. Legrand. *Paris, an VIII,* 1 vol. in-fol. demi-rel. mar. rouge.

73. Paris et ses monuments, mesurés, dessinés et gra
vés par Baltard, architecte, avec des descriptions historiques par le citoyen Amaury-Duval, ouvrage dédié à
Napoléon Bonaparte. *Paris*, de l'imprimerie *Crapelet*,
1803; 2 tomes en 1 vol. in-fol., demi-rel. mar. vert, fig.

74. Traité sur l'art de la charpente, théorique et pratique
des théâtres, publié par J.-Ch. Krafft. *Paris*, 1822; 1 vol.
in-fol., dem.-rel. mar. rouge, fig. au trait.

75. Restauration des Thermes d'Antonin Caracalla à Rome,
par G.-Abel Blouet. *Paris, de l'imprimerie Firmin Didot*,
1828; 1 vol. in-fol., dem.-rel. mar. rouge.

76. Arc de triomphe des Tuileries, érigé en 1806, d'après
les dessins de Percier et Fontaine, dessiné, gravé et publié par Normand fils. 1 vol. in-fol., demi-rel. mar.
rouge., fig.

77. **Bessat.** Plans des Hôpitaux et Hospices civils de la
ville de Paris, levés par ordre du conseil général d'ad-
ministration de ces établissements. *Paris*, 1820; 1 vol.
in-fol., veau, fig. coloriées.

78. Plans, coupes, élévations et détails de la restauration
de la chambre des députés, de sa nouvelle salle des
séances, par J. de Joly. *Paris*, 1840; 1 vol. grand in-fol.
demi-rel., mar. rouge, fig.

79. Marché des Blancs-Manteaux, par Pierre-Jules De-
lespine. *Paris*, 1847; 1 vol. in-fol., demi-rel. mar.
rouge.

80. Choix d'édifices publics projetés et construits en
France depuis le commencement du xix° siècle, par
MM. Gourlier, Biet, Grillon et Tardieu. *Paris*, 1825-
1836; 2 vol. in-fol., mar. rouge, fig.

81. Études relatives à l'art des constructions recueillies
par L. Bruyère. *Paris*, 1823; 2 vol. in-fol., demi-rel.,
veau, fig.

81. **Le Bas**. Œuvres complètes de Jacques Barozzi de Vignole, publiées par H. Lebas et F. Debret, architectes. *Paris, de l'impr. de Didot l'aîné, 1815*; 1 vol. in-fol., demi-rel., mar. rouge, fig.

82. Nouveau parallèle des ordres d'architecture des Grecs, des Romains et des auteurs modernes, dessiné et gravé au trait par Charles Normand. *Paris, 1819*; 1 vol, in-fol., demi-rel., mar. rouge, fig.

83. Choix des plus célèbres maison de plaisance de Rome et de ses environs, mesurées et dessinées par Charles Percier et P.-F.-L. Fontaine. *Paris, 1809*; 1 vol. in-fol. demi-rel., mar. rouge, fig.

84. Antiquités de la France, par C. Clérisseau, texte historique et descriptif, par J.-G. Legrand. *Paris, de l'impr. de Didot l'aîné, 1884*; 1 vol. grand in-fol. de texte, 1 vol. grand in-fol. de planches, demi-rel., mar. rouge. Exemplaire sur papier vélin.

85. **Fontaine**. Château d'Eu. — Palais Royal. — Fontainebleau. — Palais des Tuileries. — Neuilly. 8 vol. petit in-fol., demi-rel. mar. rouge et vert. (Pour les domaines de la famille d'Orléans.)

86. Du génie de l'architecture, par J.-A. Coussin. *Paris, de l'impr. de Firmin Didot, 1822*; 1 vol. petit in-fol., cart.

87. Palais, maisons et vues d'Italie, mesurées et dessinées par P. Clochar, gravés par Benec, Normand, Thierry, Hidon, *Paris*, an 9, 1 vol. in-fol., demi-rel., mar. rouge, fig.

88. Les plus beaux édifices de la ville de Gênes et de ses environs, par M. P. Gauthier. *Paris, 1821-1838*; 2 vol. in-fol., demi-rel., veau et mar. rouge.

89. Roma Nell'anno 1838, descritta da Antonio Nibby. *Rome, 1838*; 2 vol. in-8, demi-rel., mar. viol.

90. **Thomas**. Un an à Rome et dans ses environs, recueil de dessins et lithographies, etc. *Paris, Didot, 1823*; 1 vol. in-fol., demi-rel., mar. vert, fig. coloriées.

91. **Bourgeois**. Vues d'Italie en 1785. *Paris*, 1800; 1 vol. contenant 86 planches in-fol., cartonné. Titre manuscrit.

92. **Blancheton**. Vues pittoresques des châteaux de France, dessinées d'après nature et lithographiées par les principaux artistes de la capitale, avec texte, par Blancheton. *Paris*, 1839; 2 vol. in-fol. demi-rel., mar. rouge, fig. lithographiées.

93. Hypnerotomachie ou discours du Songe de Poliphile, déduisant comme Amour le combat à l'occasion de Polia, traduit de l'italien et mis en lumière par J. Martin. *Paris*, pour Jacques Kerver, 1526; 1 vol. in-fol. riche reliure, genre Groslier.

ANDROUET DUCERCEAU (Jacques)

94. Arcs de triomphe. *Orléans*, 1549. Suite de 25 planches, plus le titre; quelques pièces sont remmargées. Très-belles épreuves.

95. Les grands Temples. 24 pièces. Très-belles épreuves.

96. Les petits Temples. *Aureliæ*, 1550. Suite de 36 planches dont nous n'avons que 28.

97. Leçons de perspective positive, par Jacques Androuet Ducerceau. *Paris, par Mamer Patisson, impr.* 1576. 1 vol. petit in-fol.; veau.

98. Livre des édifices antiques romains, contenant les ordonnances et desseings des plus signalez et principaux bastiments qui se trouvent à Rome, 1584. 1 vol. in-fol., velin. Il y a quelques déchirures et piqûres de vers.

99. De architectura Jacobi-Androuitii Ducerceau. *Paris*, 1559. — Second livre d'architecture, par Jacques Androuet Ducerceau, contenant plusieurs et diverses ordonnances de cheminées, lucarnes, portes, fontaines, puis et pavillons. *Paris, de l'impr. d'André Wechel*, 1561. Deux tomes en 1 vol. in-fol., veau.

100. Livre d'architecture de Jaques Androuet Ducerceau, contenant les plans et dessaings de 50 bastimens tous différens, etc. *Paris, chez Jean Berjon, imprimeur et libraire,* 1611. — Livre d'architecture de Jacques Androuet Ducerceau auquel sont contenues diverses ordonnances de plans et élévations de bastiments pour seigneurs, gentilshommes et autres qui voudront bastir aux champs, etc. *Paris,* 1615. — Livre d'architecture contenant plusieurs portiques de différentes inventions, par A. Francine. *Paris, M. Tavernier,* 1631. 3 tomes en 1 vol. in-fol., veau.

101. Le premier et le second volume des plus excellents bastiments de France, auxquels sont désignez les plans de 15 bastiments et de leur contenu; ensemble les élévations et singularitez d'un chascun, par Jacques Androuet Ducerceau, 1576-1579. 2 tomes en 1 vol in-fol., veau, armes et fers aux angles. Superbe exemplaire.

102 Recueil de meubles, fontaine, cartouches, fleurons, fragments antiques, palais, rues, thermes, serrurerie, nielles, marqueterie, dont le détail suit:

Meubles, 72 pièces sur 46 feuilles.

Motifs de lucarnes, 2 pièces sur 2 feuilles.

Vasque, 1 feuille ; la plupart des amateurs rangent cette pièce dans les vases ; dans notre volume elle se trouve dans les meubles, et si elle faisait partie de cette suite le nombre en serait de 47 feuilles.

Fontaine de Verneuil, 1 feuille.

Cartouches de Fontainebleau, 2 pièces sur 2 feuilles.

Fleurons, 12 pièces sur 6 feuilles.

Fragments antiques, 12 pièces sur 12 feuilles.

Palais, rues, portes de villes, etc., 24 pièces sur 12 feuilles.

Thermes, 36 pièces sur 12 feuilles.

Serrurerie, 65 pièces sur 20 feuilles.

Nielles, 93 pièces sur 20 feuilles.

Marqueterie pour incrustation de meubles, 26 pièces sur 26 feuilles.

Toutes ces suites réunies forment un total de 160 planches reliées dans un vol. petit in-fol., veau, reliure du temps. Les épreuves sont très-belles et les marges très-grandes. De la plus haute rareté.

103. Les grandes arabesques ou grotesques, suite de 35 planches dont nous n'avons que 34, plus une double. Superbes épreuves. Rares.

104. Les grotesques ou petites arabesques, suite de 62 planches, compris le titre, publiées à Paris en 1562. Suite très-rare à trouver complète. Le titre est refait à la plume.

105. Les grotesques ou petites arabesques, suite complète de 42 planches, des copies faites par Jean Siebmacher de Nuremberg en 1594, en 1 vol. ; reliure en vélin richement ornementée, portant la date de 1596.

106. Cartouches de Fontainebleau, 12 pièces ; plusieurs sont en mauvais état. Rares.

107. Balustrades extérieures pour lucarnes, fenêtres, etc., 9 pièces. Très-belles épreuves des copies publiées par Renard.

108. Fragments antiques, publiés à Orléans, 1550. Suite de 16 pièces y compris le titre. Suite très-rare à trouver complète ; le titre nous manque.

109. Recueil de vues de monuments antiques de Rome sans date, publiées en 25 planches, dont nous n'avons que 24.

110. Vues d'optique, publiées à Orléans en 1551. Suite complète de 20 pièces y compris le titre.

111. Perspective de l'intérieur de la grande salle du Palais à Paris. Très-belle pièce. Rare.

112. Funerali antichi di divers. Popoli, et Nationi.... descritti in Dialogo da Thomaso Porcacchi da Castiglione Arretina, etc. in *Venetia*, 1574. — Pompe funebri di tutte le nationi del mondo. *Verone*, 1639 ; 2 vol. in-4, demi-rel. mar. rouge, fig. A la fin d'un des volumes se trouvent 25 pièces de la Toison d'or, par René Boyvin.

114) Les Loges de Raphaël au Vatican. Suite complète de 44 estampes, divisée en trois séries, savoir : Les Arabesques, les Stucs et les Voûtes. Superbes épreuves en 1 vol. in-fol. max demi-rel. veau.

115) Collection des tableaux et arabesques antiques trouvés à Rome, dans les ruines des Thermes de Titus, par N. Ponce. — Arabesques antiques des bains de Livie et de la ville Adrienne, par N. Ponce. *Paris*, 1789-1805; 2 vol. in-fol. demi-rel. mar. rouge, fig.

116. Recueil d'ornements dédiés à la reine Anne d'Autriche, par Adam Philippon. 41 pièces.

117) **Lepautre.** Vases, plafonds, autels, grilles, cheminées, etc. 1 vol. in-4, veau, contenant 264 planches.

118. Ornements, frises, vases, cheminées. 523 pièces dont plusieurs rares.

119. Les œuvres d'architecture d'Antoine Lepautre. *Paris*, *Jombert*, 1652; 1 vol. in-fol., veau.

120. **Perelle.** Vues de Paris, de province et d'Italie. 1 vol. in-fol., veau ; contenant 253 pièces; en tête se trouvent les deux vues de Paris gravées par J. Livens. Superbe exemplaire très-rare à trouver aussi complet.

121) **Silvestre, Labelle et Callot.** Recueil des vues de Paris, de France et d'Italie. 173 planches dans 1 vol. petit in-fol., demi-rel. mar. r.

122. **Silvestre.** Vues des châteaux, villes, maisons royales et forteresses. 1 vol. in-fol., mar. rouge, aux armes, contenant 54 planches.

123. Recueil factice d'ornements contenant 177 pièces par différents artistes. 1 vol. in-fol., demi-rel., veau.

124. Recueil factice contenant 112 planches des principales villes d'Europe. 1 vol. in-fol. oblong, cartonné.

125. Recueil factice contenant 90 planches vues de Paris, monuments publiés par Chereau et autres. 1 vol. in-fol. demi-rel., veau.

126. Recueil de 80 planches, monuments d'architecture, par de Vries. 1 vol. in-fol., oblong, rel. en maroquin rouge semé de lettres entrelacées. Coins et tranches dorés.

127. Mélanges d'architecture, projet d'une salle d'opéra, rapport sur les sépultures et autres monuments de Paris, etc. 3 vol. in-4, veau marbré.

128. Mélanges d'architecture. 1 vol. in-fol., demi-rel. mar. rouge, contenant 126 planches, vues de Versailles, château de Vaux, St-Cloud, église Saint-Sulpice, Sainte-Geneviève, etc., par Silvestre et autres.

129. Mélanges d'architecture, contenant un grand nombre de plans, vues sur Paris et autres pays. 1 vol. in-fol., demi-rel. mar. rouge.

130. Projets d'architecture sur le Louvre, l'Hôtel-Dieu, Reims, etc. 3 vol in-4, demi-rel. fig.

131. **Blondel**. Cours d'architecture enseigné dans l'Académie royale. *Paris*, 1675-1683. Cinq parties en 2 vol. in-fol., demi-rel. veau, fig.

132. Cours d'architecture ou traité de la décoration, distribution et construction des bâtiments, par J.-F. Blondel, architecte. 6 vol. de texte et 3 vol. de planches reliés en deux. En tout 8 vol. in-8, veau.

133. **Marot** (J.). Recueil des plans, profils et élévations de plusieurs palais, châteaux, églises, sépultures, grottes et hôtels. *Paris, Mariette*, 1738; 1 vol. in-4. veau marbré.

134. Le magnifique chasteau de Richelieu en général et en particulier, par J. Marot, dédié à Monseigneur le duc de Richelieu. 1 vol. in-4, oblong, demi-rel., mar. rouge.

135. Œuvres d'architecture de Jean Marot, sur les monuments de Paris en 196 planches. *Paris*, 1700; 1 vol. in-fol, veau. Titre manuscrit.

136. Petit œuvre d'architecture de Jean Marot, architecte et graveur. *Paris, Ch. Ant. Jombert*, 1764; 1 vol. in-4, veau.

137. **Blondel, Marot et autres**. Architecture fran-
çaise. 2 vol. in-fol., veau et dem.-rel., contenant environ
340 planches diverses.

138. **Boffrand**. Livre d'architecture contenant les princi-
pes généraux de cet art, etc. *Paris*, 1745; 1 vol. in-fol.,
veau. A la fin du vol. se trouvent les vues intérieures
de l'hôtel de Soubise.

139. Traité théorique et pratique de l'art de bâtir, par
J. Rondelet, architecte. *Paris*, chez l'auteur, An XI;
6 vol. in-4, veau. fig.

140. L'art de bâtir des maisons de campagne où l'on traite
de leur distribution, de leur construction et de leur décoration, par C.-E. Briseux. *Paris, chez Prault*, 1743;
2 vol. in-4, veau, fig.

141. Architecture moderne où l'art de bien bâtir pour
toutes sortes de personnes, tant pour les maisons des
particuliers que pour les palais. *Paris, Cl. Jombert*, 1728;
2 vol. in-4, veau.

142. Architecture moderne ou l'art de bien bâtir par
toutes sortes de personnes, divisée en six livres, par
Ch.-Ant. Jombert. *Paris, chez l'auteur*, 1764; 2 vol. in-4,
veau marbré.

143. **Philibert de L'Orme**. Nouvelles inventions pour
bien bastir et à petits fraiz, etc. *Paris, de l'imprimerie de
Hierosme de Marnef, etc.*, 1576; 1 vol. in-fol., demi-rel.,
mar. r., fig. sur bois.

144. Le premier tome de l'architecture de Philibert de
L'Orme. A Paris, chez Frédéric Morel, rue Jean-de-
Beauvais, 1567; 1 vol. in-fol., veau.

145. **Thibault**. Application de la perspective linéaire
aux arts du dessin. 1 vol. in-fol., cartonné.

146. Cours d'architecture qui comprend les ordres de
Vignole avec des commentaires, par C.-A. Daviler.
Paris, Ch. Ant. Jombert, 1770; 1 vol. in-4, veau.

147. Manière de bien bastir pour toutes sortes de personnes, par Pierre le Muet. *Paris*, 1647; 1 vol. in-fol., demi-rel., mar. rouge.

148. OEuvre d'architecture de Marie-Joseph Peyre. *Paris*, 1795; 1 vol. in-fol., demi-rel., veau, fig.

149. Parallèle de l'architecture antique et de la moderne avec un recueil de dix principaux auteurs qui ont écrit des cinq ordres, etc. *Paris*, 1702; 1 vol. in-fol., veau.

150. Recueil de différents projets d'architecture de charpente et autres, concernant la construction des ponts. par Pitrou. *Paris*, 1756; 1 vol. in-fol., veau marbré, aux armes.

151. Les raisons des forces mouvantes, avec diverses machines tant utiles que plaisantes auxquelles sont adjoints plusieurs dessins de grottes et fontaines, par Salomon de Caus. *Paris*, 1624; 1 vol. in-fol., veau marbré.

152. Les bâtiments et les dessins de André Pallodio, recueillis et illustrés, par Octave Bertotti Scamozzi. *Vicence*, 1785; 5 vol. in-fol., demi-rel., veau fig.

153. Les quatre livres de l'architecture d'André Palladio. *Paris*, 1650; 1 vol. in-fol., veau, fig. sur bois.

154. Il primo libro d'architetura di Sabastiano Serlio Bolognese. *Paris*, 1545; 1 vol. in-fol., veau fig. sur bois dont quelques-unes en mauvais état.

155. Tutte L'opere d'architettura, et prospettiva di Sebastiano Serlio Bolognese. *In Venetia*, 1619; 1 vol. in-4, vélin, fig. sur bois.

156. Sebastiani Serlii bononiensis de architectura libri quinque. *Venise*, 1569; 1 vol. in-fol. contenant six parties au lieu de sept.

157. Architecture italienne contenant les plans et élévations des plus beaux palais et édifices de la ville de Gênes, par P.-P. Rubens. *Amsterdam et Leipzig*, 1755; 1 vol. in-fol., veau, fig. En tête se trouve le portrait de Rubens par Pontius, d'après Van Dyck.

158. Les dix livres d'architecture de Vitruve corrigez et traduits nouvellement en français avec des notes et des figures, seconde édition revue, corrigée et augmentée par M. Perrault de l'Académie. *Paris*, 1584; 1 vol. in-fol., demi-rel., veau fig.

159. L'architettura di Marco Vitruvio Pollione, tradotta E. Comentata dal marchese Berardo Galiani. *In Siena*, 1790; 1 vol. in-fol., demi-rel. veau.

160. Architecture ou art de bien bastir, de Marc Vitruve Pollion, autheur romain antique. *Paris*, 1572; 1 vol. in-fol., veau marbré, fig.

161. Della architettura di gio Antonio Rusconi, con centosessanta figure dissegnate dal medesimo, secondo 1 precetti di Vitruvia. *In Venetia*, 1590; 1 vol. petit in-fol. demi-rel. mar. vert, fig. sur bois.

162. M. L. Vitruvio Pollione di architettura dal vero esemplare latino nilla Volgar lingua tradotto. *Venise*, 1535; 1 vol. petit in-fol., demi-rel. mar. rouge, fig. sur bois. Taché.

163. Con il suo comento et figure vetruvio in volgar lingua raportato per M. Gianbatista, caporali di Perugia. *Perouse*, 1536; 1 vol. petit in-fol., demi-rel., mar. rouge, fig. sur bois.

164. M. Vitruvius per Jocumdumso lito casticatior factus cum figuris et tabula utinam legi et intelligi possit. *Venise*, 1511; 1 vol. petit in-fol., vélin. La dernière feuille est refaite à la plume.

165. J. Dieci Libri dell' architettura di M. Vitruvio, tradotti et commentati da Monsig. Daniel Barbaro.... *In Venetia*, 1584; 1 vol. in-4, vélin vert, filets tranches dorées, fig.

166. M. Vitruvii Pollionis de architettura libri decem ad Cœsarem Augustum. *Lyon*, 1552; 1 vol. in-4, mar. rouge, fig. sur bois.

167. I Dieci Libri dell' architettura di M. Vitruvio. Tradotti et commentati da Mons. Daniel Barbaro eletto Patriarca d'Aquileia... *Venetia*, 1567 ; 1 vol. in-4, demirel. mar. rouge, fig. sur bois.

168. Vitruvius iterum et frontinus a Jocundo revisi, repurgatique quantumex collatione licuit. *Florence*, 1513 ; 1 vol. in-8, vélin, fig. Le titre et la dernière feuille sont à la plume.

169. M. Vitruvii viri suæ professionis peritissimi, de architectura libri decem, ad Augustum Caesarem, accuratis conscripti... *Strasbourg*, 1543 ; 1 vol. in-8, vélin.

170. **Turgot**. Plan de Paris en 20 feuilles en 1 vol. infol., veau, aux armes de la ville de Paris.

171. Description historique de l'hôtel royal des Invalides, par l'abbé Pérau. *Paris, Guillaume Desprez*, 1656. 1 vol. in-fol., veau marbré, fig. de Cochin.

172. Détails en grand de l'église des Invalides, par Jules Hardouin Mansard, publié par J.-F. Felibien à Paris en 1706 ; 14 planches en 1 vol. in-fol., mar. rouge, aux armes.

173. Histoire de la ville de Paris composée par D. Michel Felibien, revue, augmentée et mise au jour par D. Guy-Alexis Lobineau. *Paris*, 1725 ; 5 vol. in-fol., veau, fig.

174. Recherches critiques historiques et topographiques sur la ville de Paris, depuis ses commencements connus jusqu'à présent, par le sieur Jaillot, géographe ordinaire du roi. *Paris*, 1772-1785 ; 5 vol. in-8, veau, fig.

175. **Béguillet**. Description historique de Paris et de ses plus beaux monuments, gravés en taille-douce, par F.-N. Martinet, ingénieur et graveur du cabinet du roi. *Paris et Dijon*, 1779 ; 3 vol. in-4, veau marbré, contenant quantité de vues de Paris, gravées par Martinet.

176. **D'Argenville.** Voyage pittoresque de Paris ou description de tout ce qu'il y a de plus beau dans cette grande ville. *Paris, chez de Bure père*, 1770; 1 vol. in-8, veau, fig. dont la vue de la place Louis XV, par Moreau.

177. Histoire de l'abbaye royale de Saint-Germain-des-Prez, contenant la vie des abbez qui l'ont gouvernée depuis sa fondation, par dom Jacques Bouillart, de la congrégation de Saint-Maur. Paris chez Grégoire. *Dupuis*, 1724; 1 vol. in-fol., veau, fig.

178. Plan, coupes et élévations, profils de l'église de Saint-Philippe-du-Roule, dédié à Monsieur frère du roi, 1780; 1 vol. grand in-fol., cartonné.

179. Détails du palais du Louvre, dessins, minutes, par le Dreux et Potain, recueil factice sur les projets du Louvre en 1749; 1 vol. demi-rel. mar. rouge.

180. Description des écoles de chirurgie, dédiée à Monsieur de La Martinière, par Gondoin. *Paris*, 1780; 1 vol. in-fol., demi-rel., mar. rouge, fig.

181. Histoire de la Sainte-Chapelle royale du palais, enrichie de planches; par M. Sauveur-Jérôme Morand. *Paris*, 1790; 1 vol. in-4, demi-rel., mar. viol., fig.

182. L'entrée triomphante de Leurs Majestés Louis XIV et Marie-Thérèse d'Autriche dans la ville de Paris. *Paris*, 1672; 1 vol. in-fol., demi-rel. veau, fig. de Marot et Chauveau.

183. Description de Paris, de Versailles, de Marly, de Meudon, de St-Cloud, de Fontainebleau et de toutes les autres belles maisons et chateaux des environs de Paris, par M. Piganiol de la Force. *Paris*, 1742; 8 vol. in-8, veau, fig.

184. **Patte.** Monuments érigés en France à la gloire de Louis XV, précédés d'un tableau du progrès des arts et des sciences sous ce règne, etc. *Paris*, 1765; 1 vol. in-fol., mar. rouge, aux armes.

15. Histoire de l'abbaye royale de Saint-Ouen de Rouen, divisée en cinq livres, par un religieux bénédictin. *Rouen*, 1662; 1 vol. in-fol., veau, fig.

186. Les principaux édifices de la ville de Rouen en 1525, par T. Jolimont. *Rouen, impr. de A. Péron*, 1845; 1 vol. in-fol., cartonné, fig. coloriées.

187. Le trésor des merveilles de la maison royale de Fontainebleau, par le père Dan. *Paris*, 1642; 1 vol. in-fol. demi-rel., m. rouge, fig. de A. Bosse.

188. Relation de la feste de Versailles du 18 juillet 1668. *Paris, impr. royale*, 1679; 1 vol. in-fol, veau, aux armes, fig. de Lepautre et Silvestre.

189. Les plans profils et élévations des ville et château de de Versailles avec les bosquets et fontaines, tels qu'ils sont à présent en 1714-1715; 1 vol. in-fol., dem.-rel. mar. rouge, contenant 81 planches.

190. **Bullet**. Le palais de Bourges. 1 vol. petit in-fol. oblong, contenant 10 planches gravées par Nollin.

191. Salle de spectacle de Bordeaux, par M. Louis, *Paris*, 1782; 1 vol. grand in-fol., vélin, fig.

192. Les beautés de la France, par N. de Fer. 1 vol. in-fol. contenant 47 pièces. Vues de France.

193. Description des cérémonies et des fêtes qui ont eu lieu pour le couronnement de Leurs Majestés Napoléon Ier et Joséphine. *Paris*, 1807; 1 vol. grand in-fol, max. demi-rel., mar. vert.

194. Description de la fête donnée par la ville de Paris à l'occasion du mariage de Monseigneur le Dauphin avec la princesse Marie-Josephe de Saxe. — Description des festes données par la ville de Paris à l'occasion du mariage de Madame Louise-Élisabeth de France, et de dom Philippe, infant d'Espagne. Deux tomes en 1 vol. in-fol., demi-rel. mar. rouge

195. Percier et Fontaine. Description des cérémonies et des fêtes qui ont eu lieu pour le mariage de S. M· l'empereur Napoléon avec S. A. I. Marie-Louise d'Autriche. *Paris, de l'imp. de P. Didot l'aîné*, 1810; 1 vol· in-fol., demi-rel., mar. vert, fig.

196. Souvenirs du Musée des monuments français par J.-P. Brèt. *Paris*, 1821; 1 vol. in-fol., demi-rel., veau, fig.

197. Annales du Musée et de l'École moderne des beaux-arts, par C. Landon. *Paris*, 1801-1809; 17 vol. in-8, demi-rel. mar. rouge, fig. au trait.

198. OEuvres de J. A. Ingres, membre de l'Institut, gravées au trait sur acier, par A. Reveil. *Paris, chez F. Didot*, 1851; 1 vol. in-4, cartonné.

199. Flaxman. Son œuvre comprenant L'Illiade, l'Odyssée, Tragédie d'Eschyle, Hésiode. 4 parties en 1 vol. in-fol., demi-rel. veau.

200. Loges de Raphaël. Tableaux de l'ancien et du nouveau Testament, peints par Raphaël dans les loges du Vatican à Rome, gravées par Fantectus et Aquila. Ouvrage dédié à Christine, reine de Suède, dont le portrait est en tête de l'ouvrage. *Rome*, 1675; 1 vol. in-fol, demi-rel. mar. vert, contenant 55 pièces.

201. L'histoire du monde de C. Pline, le tout mis en français, par Antoine du Pinet, seigneur de Noroy. *Lyon*, 1562; 2 vol. in-fol. en mar. rouge.

202. Le premier livre du nouveau Tristan, prince de Leonnois, chevalier de la Table-Ronde, et d'Yseulte, princesse d'Irlande, royne de Cornouaille, par Ian Mangin. *Paris*, 1554; 1 vol. in-fol., veau.

203. Sous ce numéro seront vendus environ 500 volumes. Architecture, livres de littérature et autres. Gravures et lithographies en lots.

TABLEAUX

GUARDI

204. Vue du quai des Esclavons à Venise.

H. 35 c. L. 55 c. — Sur toile.

GUARDI

205. Vue de la Douane à Venise,

H. 55 c. L. 35 c.

VAN-VITELLI

206. Vue du Colysée. — Vue de Saint-Pierre. 2 tableaux sur toile.

H. 42 c. L. 75 c.

206 *bis*. — Six Tableaux, par Lagrenée.

DESSINS

BOURGEOIS

207. Vues de Rome. 2 dessins à la sépia.

FONTAINE

208. Cascades à Tivoli. 2 dessins à l'aquarelle.

NICOLLE

209. Vue du château St-Ange. Très-beau dessin à l'aquarelle.

NICOLLE

210. Vue de Rome. Très-beau dessin à l'aquarelle.

ROBERT (H.)

211. Dessins faits à Rome en 34 feuilles renfermant un
grand nombre de croquis à la plume, lavés en 1 vol.
in-8, demi-rel., mar. rouge.

211 *bis* — Une grande Sépia, par Lagrenée.

OBJETS D'ART

212 — Statue équestre de Marc-Aurèle ; très-bel émail, attribué à Léonard Limousin.

213 — Faïences de Perse et italiennes, Objets de curiosité, Bronzes, Statuettes, trois Pendules en marqueterie dont une grande style Louis XIV, etc.

214 — Meubles de salon, Salle à manger, Cabinet.

Renou et Maulde, imprimeurs de la Compagnie des Commissaires-Priseurs, rue de Rivoli, 144.   18742